The Feminine Deal
Bilingual Edition (English-French)

THE SEA HORSE IMPRINT

Paola Mieli, *Publisher & Director*
Mark Stafford, *Editorial Director*
Jacques Houis and Peter Gillespie, *Supporting Editor*

This book is published under the aegis and with the financial assistance of
Après-Coup Psychoanalytic Association, New York
and
with the financial support of The Solomon and Gillespie Fund

Cover Image: Michelangelo Buonarroti, *The Creation of Eve* (detail from the Sistine Chapel ceiling).

Gisèle Chaboudez

The Feminine Deal

Agincourt Press
New York, 2024

Originally presented as *Singular Femininity: The All and the Not-All* at Après-Coup Psychoanalytic Association, New York, November 12, 2022.

Translation: Paola Mieli and Martin Winn

ISBN: 978-1-946328-46-5

Copyediting
Hilary Ilkay

Design and typesetting
Danilo Montanari

Agincourt Press
P.O. Box 1039
Cooper Station
New York, NY 10003
www.agincourtbooks.com

The publisher welcomes enquiries from copyright-holders he has been unable to contact.

Table of Contents

The Feminine Deal

Version française

The Feminine Deal

English Version

Introduction

L'association psychanalytique *Après coup* m'a invitée à parler de la conception lacanienne du féminin, telle que je l'interprète et la prolonge. Cela après la récente publication de deux livres : *What Can We Know About Sex?* (Routledge, 2022) et *Féminismes et féminités. Le tout et le pas tout*, publié en France (érès, 2022). Ce dernier fait suite à *Féminité singulière* (érès, 2019) qui doit quelque chose à mes échanges féconds avec Paola Mieli. Mon objectif est ici d'aborder la relation entre les hommes et les femmes, laissant de côté, pour l'instant, les autres configurations sexuelles.

Certains discours, qui ne prennent pas en compte l'inconscient et abordent le féminin d'un point de vue politique, ont formulé des critiques utiles de la pensée psychanalytique déployée au siècle dernier sur le féminin, qui semblait portée par des concepts du passé. Cependant que les concepts de Lacan à même de nous ouvrir des voies d'avenir sur cette question restent peu compris, inutilisés, laissés en friche.

***

Le constat de ce qu'il appelle l'absence du rapport sexuel entre les sexes est fondamental pour Lacan. Ce qui définit la relation entre les sexes est une loi établissant les rôles sexuels, qui n'a rien à avoir avec le sexe. L'absence du rapport sexuel a été remplacée dans les discours par une loi sexuelle : cette loi définit universellement l'homme comme ce qui a et la femme comme celle qui est ce qu'il a. Sans définir une unité sexuelle, elle se base sur la disposition du corps d'un sexe par l'autre : l'Un et son objet - ce qui a été à juste titre dénoncé par toutes les aspirations féministes. Lacan remarquait qu'il ne semble pas qu'on se soit aperçu de la différence qu'il y a entre un rapport sexuel et

Introduction

Après-Coup Psychoanalytic Association invited me to speak about Lacan's conception of the feminine as I interpret it and extend it. This comes after the recent publication of two of my books: *What Can We Know About Sex?*, Routledge, 2022 and *Féminismes et féminités, le tout et le pas tout*, published in France by érès, 2022. The latter follows my book *Féminité singulière*, 2019, that owes something to my fertile exchanges with Paola Mieli. My goal today is to address the relation between men and women, leaving to the side, for the time being, other sexual configurations.

Some discourses that do not necessarily reckon with the unconscious and approach the feminine from a political point of view, have productively criticized last century's psychoanalytical thinking on the feminine, which seemed imbued with outdated concepts. However, Lacan's concepts, those able to blaze crucial paths to the future on this topic, remain little understood, idle, uncultivated.

***

The observation of what he called the absence of a "sexual relation" between the sexes is fundamental to Lacan. What defines the relationship between the sexes is a law establishing sexual roles, which has nothing to do with sex. The absence of a sexual relation has been replaced in the discourse by a sexual law: this law universally defines man as the one who has and woman as the one who is what he has. Without constructing a sexual unity, it is based on the body of one sex disposing of the other: One and its object — which has rightly been condemned by every feminist aspiration. Lacan remarks that the difference between the sexual relation and the sexual law which replaces

9

une loi sexuelle qui lui a été substituée.[1] Un « rapport sexuel » refléterait l'articulation des jouissances des deux sexes ; or cette loi sexuelle, même en recul massif dans le monde occidental, énonce simplement que l'un a l'autre. Elle s'applique aussi bien dans l'inconscient que dans la société, comportant une valeur politique qui reflète la logique des discours. Dans le discours, la jouissance a disparu, il ne s'agit que d'avoir ou d'être, et un seul sexe est supposé avoir. Cependant, pour saisir l'ensemble complexe du rapport de l'homme et de la femme, on doit considérer aussi ce qui se passe hors du discours, non dans ce qui se dit mais dans les dires, les actes. Là, nous pouvons observer, comme le fait remarquer Lacan, à propos de ce qui n'apparaît pas dans le discours, que souvent « contrairement à ce qui se dit, ce sont quand même elles qui possèdent les hommes. »[2] Le rapport de l'homme et de la femme a deux entrées, à partir du discours et en dehors de lui, les deux ont un impact.

Beaucoup de constats faits par Lacan dans la deuxième moitié du siècle dernier anticipaient son évolution et les bouleversements qui l'ont caractérisé. Éminemment politiques, ils occupaient une grande place dans sa pensée, les énonçant d'une manière énigmatique mais lisible, même si cela a suscité beaucoup de malentendus. Durant ce temps, les disciples freudiens orthodoxes continuaient de réciter la loi phallique comme loi de l'inconscient selon le refrain du « *Penisneid* » et de « l'anatomie comme destin », ce qui provoqua un rejet culturel massif. Lacan, en revanche, opposait précisément à « l'anatomie

---

[1] Il le dit dans ces termes : « Ce que je propose est ceci. C'est de poser que le langage [...] a son champ réservé dans la béance du rapport sexuel, telle que la laisse ouverte le phallus. Ce qu'il y introduit n'est pas deux termes qui se définissent du mâle et de la femelle, mais de ce choix qu'il y a entre des termes d'une nature et d'une fonction bien différentes, qui s'appellent l'être et l'avoir. Ce qui le prouve, ce qui le supporte, ce qui rend absolument évidente, définitive, cette distance, c'est ceci, dont il ne semble pas qu'on ait remarqué la différence, c'est la substitution au rapport sexuel de ce qui s'appelle la loi sexuelle. » J. Lacan, *D'un discours qui ne serait pas du semblant, Le séminaire Livre XVIII*, Éditions du Seuil, Paris 2006, p. 68.
[2] « Vous remarquerez que j'ai dit supplémentaire. Si j'avais dit complémentaire, où en serions-nous ! On retomberait dans le tout. Les femmes s'en tiennent, aucune s'en tient, d'être pas toute, à la jouissance dont il s'agit, et mon Dieu, d'une façon générale, on aurait bien tort de ne pas voir que contrairement à ce qui se dit, c'est quand même elles qui possèdent les hommes », J. Lacan, *Encore, Le séminaire Livre XX*, Éditions du Seuil, Paris 1975, p. 68.

it, has not been noticed.[1] In fact, a sexual relation would reflect the articulation of the jouissances of two sexes; while the sexual law, even though in massive retreat in the western world, states simply that the one has the other. This law applies to the unconscious as well as to society, acquiring a political value which reflects the logic of discourse. In discourse, jouissance has disappeared; it's only a question of having or being, and only one sex is supposed to have. Yet, in order to grasp the complexity of the relation between man and woman, one should also consider what happens outside of discourse, not in the said but in the saying, the acts. Here we can observe, as Lacan points out referring to what does not appear in discourse, how often "contrary to what is said, it is rather they who possess men."[2] The relation between man and woman has two approaches: through discourse and outside of it, and both have an impact.

Many statements made by Lacan during the second half of the last century anticipated the century's evolution and the disruptions that characterized it. Eminently political, they occupied his thinking; he conveyed them in an enigmatic style, nevertheless they were legible, even if often misunderstood. Meanwhile, the disciples of the orthodox Freudians continued to recite the phallic law as the law of the unconscious according to the "penis-envy" and "anatomy as destiny" refrain, which provoked a massive cultural rejection. Lacan, on the other hand, specifically opposed the phrase "anatomy is destiny" to another phrase: "the unconscious is politics,"[3] and this has very different implications. Politics, as he defines it, unites people and divides

---

[1] Lacan says it in these terms: "What I propose is this. It is to posit that language [...] has its reserved field in the gap of the sexual relation, as the phallus has left it open. What it introduces is not two terms that define male and female, but the choice that there is between terms of a quite different nature and function, called being and having. What proves, supports, what renders this distance absolutely obvious, definitive, is this, the difference of which does not seem to have been noticed, it is the substitution of for the sexual relations by what is called the sexual law." Jacques Lacan, *D'un discours qui ne serait pas du semblant, Le séminaire Livre XVIII*, Éditions du Seuil, 2006, Paris, p. 68.

[2] Jacques Lacan, *Encore, Le séminaire Livre XX*, Éditions du Seuil, Paris, p. 68. "You will notice that I said supplementary. If I had said complimentary, where would we be! We would fall back into the All. Women don't adhere, none adhere – being not all – to the *jouissance* in question, and *my God*, in a general fashion, one would be quite wrong not to see that, contrary to what is said, it is rather they who possess men."

[3] J. Lacan, *La logique du fantasme, Le séminaire Livre XIV*, May 10, 1967, Éditions du Seuil, Paris, 2023, p. 317.

comme destin » une autre phrase : « l'inconscient, c'est la politique, »[3] ce qui a des implications très différentes. Car la politique qu'il définit comme ce qui « lie les hommes entre eux, ce qui les oppose », se motive, selon lui, de la logique du fantasme. Peu auparavant, le 19 avril 1967, il se moquait de la loi sexuelle, cette « fiction mâle » qui énonce « on est ce qui a, on a ce qui est », « l'objet féminin » du désir, et l'appelait une « fiction simplette, sérieusement en voie de révision »[4].

Il est intéressant de réfléchir au discours de Lacan sur le féminin en observant les logiques à l'œuvre dans la plupart des discours féministes. Sa pensée était plus proche d'eux qu'on ne pourrait s'y attendre, bien que sa réflexion sur la logique du Tout et du Pas tout les distingue radicalement. Face au discours anti-phallique des féminismes, il maintenait la jouissance phallique comme une part importante du féminin, s'ajoutant à un autre mode de jouissance : le Pas tout phallique est un en plus, de ce point de vue.

Il est difficile de manier dans la langue cette notion d'une logique pas toute, car elle glisse souvent à dire le tout sans qu'on s'en aperçoive, même quand on veut évoquer le pas tout. Par exemple, si l'on dit « le féminin », on implique logiquement la totalité des femmes. Or cette totalité ne peut exister qu'anatomiquement et civilement, car il n'y a pas de totalité psychique ou subjective des femmes, ce pour quoi Lacan énonce l'axiome : « La femme n'existe pas », avec une malice adressée au discours féministe. En effet, les femmes n'adoptent pas toutes la même logique sexuée. Certaines se placent entièrement dans la fonction phallique du discours, c'est-à-dire dans la loi sexuelle, selon le fantasme de « celui qui a l'autre qui est » ; d'autres se déterminent aussi hors de ce discours. Ce faisant, elles objectent à la simple grammaire du fantasme, en y ajoutant un supplément contradictoire, nouant trois termes ensemble et non deux. Cette position consiste, tout en se prêtant à être l'objet sans s'y identifier, à déployer en plus une jouissance de l'Autre comme corps. C'est pourquoi Lacan a pu dire que ce sont plutôt elles qui possèdent les hommes, car jouir du corps de l'Autre, c'est l'avoir. Jouir de l'autre comme objet élide son désir, mais jouir de l'Autre comme corps répond à son désir.

---

[3] J. Lacan, *La logique du fantasme*, Éditions du Seuil, Paris 2023, p. 317, séance du 10 mai 1967.
[4] Ibid., p. 285.

them, and it is motivated by the logic of fantasm. Right before, on April 19, 1967, he mocked the sexual law, this 'male fiction' that states: "we are the one who have, we have the one who is," "the feminine object" of desire, saying that it is "a simplistic fiction in the process of being revised."[4]

It is interesting to reflect on Lacan's discourse on the feminine while observing the logic at work in most feminists' discourses. Lacan's thought was closer to theirs than one might expect, yet his reflection on the logics of the All and the Not-all distinguishes them radically. Faced with the anti-phallic discourse of feminisms, he maintains phallic jouissance as an important part of the feminine to which other modes of jouissance are added. The Not-all is an addition from this point of view.

It is difficult to handle the notion of the Not-all in language, because it often slips into expressing the All without our being aware of it. For example, if one says, "the feminine," the totality of women is logically involved. Now, this totality can only exist anatomically and civilly, however psychically and subjectively there is no totality of women. This is why Lacan says that Woman does not exist, with a mischievous tone addressed to the feminist discourse. Indeed, women do not all determine their sexuated logic in the same fashion. Some place themselves entirely in the phallic function of discourse, that is to say, within the sexual law, according to the fantasm of the "one who has the one who is"; others also determine themselves outside this discourse. In doing so, they object to the simple grammar of the fantasm, by adding a supplement that contradicts it, knotting three terms together and not two. This position consists of lending oneself to be an object without identifying with it, while deploying in addition a jouissance of the Other as body. This is why Lacan could say that it is rather women who own men, since enjoying the body of the other is a way of having it. To enjoy the other as an object elides its desire, to enjoy the Other as body responds to its desire.

This relation constructed with three terms between two partners, can be called sexual in some instances, in the sense that it binds together different jouissances, rather than one and its object. It manages to circumvent the absence between a man and a woman of a uni-

---

[4] Ibid., p. 285.

Un tel rapport construit à trois termes entre deux partenaires peut être dit sexuel, au sens où il lie entre elles deux jouissances différentes, au lieu d'une et son objet. Il parvient à contourner l'absence entre un homme et une femme d'un « rapport sexuel » universel, naturel, résultant d'une jouissance partagée. Un tel rapport n'existe pas, même si l'image anatomique de la clé et de la serrure en donne la représentation. Elle est si puissante qu'elle a nourri les discours religieux de l'idée d'une complémentarité entre les sexes, ainsi que les discours des lois sexuelles en confondant le phallus avec le pénis. Cela se base sur la complémentarité anatomique. Désigner la femme comme manquante, de ce point de vue, vise à faire d'elle l'objet du discours.

Au moment même où cette loi sexuelle recule dans beaucoup de pays occidentaux, où les femmes sont infiniment moins aliénées qu'auparavant dans les relations sociales entre les sexes, beaucoup d'entre elles choisissent pourtant une position phallique équivalente à celle des hommes. S'opposant à la loi phallique, elles refusent de se prêter à être l'objet du désir en quelque sens que ce soit, partiellement ou totalement, et adoptent une position en miroir des hommes. À la loi qui prétendait intégrer le tout de chaque femme et toutes les femmes comme objet phallique du désir, elles opposent un « rien ». La logique du « tout ou rien » part d'une logique du Tout et s'y maintient. Elle annonce que l'on ne veut rien si l'on n'a pas tout : donc, rien.

versal, natural, sexual relation resulting from a shared jouissance. This does not exist, even if the image of the key and the lock gives a representation of it. Such a representation is so powerful that it fed religious discourses with the idea of a complementarity between sexes, feeding as well the sexual laws and conflating the phallus and the penis. It is based on the anatomic complementarity. Designating women as lacking from this point of view, aims to make them the object of discourse.

At the very moment when this sexual law finally retreats in many Western countries, and women are infinitely less alienated in the social relations between the sexes than before, many among them choose a phallic position equivalent to that of men. Opposing the phallic law, they refuse to lend themselves to being the object of desire in any sense, be it partial or total, and thus mirror the position of men. To the law which claims to integrate the whole of every woman and all the women as the phallic object of desire, they oppose a "nothing." The logic of the "all or nothing" stems from a logic of the All and stays within it. It announces that we don't want anything, if we don't have it All: so, nothing.

Le phallus dans les deux sexes

Face à la loi sexuelle universelle, vieille de milliers d'années, qui établit l'homme comme ce qui a et la femme comme ce qui est, les discours féministes contemporains refusent cette articulation sexuée de la fonction phallique et adoptent un genre supposé neutre. Cette position est généralement considérée comme masculine car elle se réfère exclusivement à la fonction phallique, tout en s'y opposant et en la combattant dans le discours. En effet, dans les formules lacaniennes des positions sexuées possibles, le 'masculin' est totalement dépendant de la fonction phallique et le 'féminin' n'en dépend pas totalement. Cependant, la sexuation est une articulation subjective, une détermination du sujet du langage, en partie indépendante du sexe anatomique.

La psychanalyse ne prône aucune position spécifique d'un sexe, elle montre les logiques qui leur furent assignées par la loi, auxquelles chacun peut souscrire ou pas. Lacan soutenait, dans les années 1970, que l'être sexué s'autorise de lui-même dans sa détermination sexuelle. Cela constituait la fin d'une définition universelle de la sexuation. Chaque sujet dans l'inconscient s'oriente soit vers le Tout phallique, soit vers le Pas tout phallique, ce qui a probablement toujours été le cas. Cela implique que chaque sujet, sans égard à son sexe, s'oriente (comme sujet du désir) soit comme celui qui veut avoir le phallus, (l'objet du désir), soit comme celui qui l'est. À ce qui s'opère ainsi dans le cadre du discours, s'ajoutent, en supplément, des positions différentes en dehors du discours. Les variantes concernent l'aptitude du sujet à réaliser ses dispositions dans ses actions et ses performances, en créant avec l'autre une position sexuelle subjective qui fonctionne.

La position phallique a souvent été confondue, par erreur, avec le masculin. Le masculin de la logique du tout est entièrement phallique quand le féminin de la logique pas toute l'est en partie. De plus, au-delà du sexe, le phallus est le signifiant du sujet et du désir. C'est

The Phallus in Both Sexes

Facing the thousands year old universal law that establishes man as the one who has and woman as the one who is, contemporary feministic discourses reject this articulation of sexuation of the phallic law and adopt a supposedly neutral position. This position is generally considered to be masculine, since it implies referring only to the phallic function, even while opposing and combating it. Indeed, in Lacan's formula of sexuation, the "masculine" is totally dependent on the phallic function and the "feminine" does not totally depend on it. However, sexuation is a subjective articulation, a determination of a subject of language, partially independent of the anatomical sex.

Psychoanalysis does not advocate any position specific to a sex. It shows the logic assigned by the law, to which we can subscribe or not. In the 70's Lacan emphasized that the sexuated being, "s'autorise de lui-même," authorizes itself according to its own sexual disposition. This constitutes the very end of a universal definition of sexuation. Each subject in the unconscious orientates itself either toward the side of all phallic, or on the side of Not-all phallic, which has probably always been the case. This entails that each subject, regardless of its sex, orientates itself either (as the subject of desire) to be the one who has the phallus (as the object of desire) or to be the one who is the phallus. This operates within the framework of discourse, yet supplemented by events outside of discourse: the variants relate to the subject's aptitude at achieving its dispositions in its actions and performances, creating with the other a subjective sexual position that works.

The phallic position has often been erroneously conflated with the masculine. The masculine of the logic of the all is only phallic, while the feminine of the logic of the not-all is partially phallic. Moreover, regardless of sex, the phallus is the signifier of the subject and

un ambocepteur[5], dit Lacan, donc asexué.[6] En soutenant cela, dès les années 1960, il devançait ce qui allait se produire dans les faits, alors que la psychanalyse mondiale en était encore au *Penisneid* et à « l'anatomie comme destin », dans cet amalgame entre pénis et phallus des systèmes organisés au nom du Père.[7] Le phallique n'est pas seulement partagé d'une manière asymétrique entre le sujet qui a et l'objet qui est ; il est aussi partagé entre les deux sexes de façon symétrique, car le signifiant phallique est supporté par la jouissance phallique qui est présente dans les deux.

À la fin de son œuvre, Lacan parlait des bavures freudiennes qu'il épongeait. Freud partait du phallus, extrait des Grecs et de là déduisait la castration.[8] Lacan partait du non-rapport sexuel et de là situait la castration. Le symbole du phallus ayant été créé pour la conjurer. Il avançait comme une fiction logique que le langage était né à cause de la détumescence suivant l'orgasme dans le rapport sexuel, car la soustraction pénienne limite la jouissance au lieu de l'articuler à celle de l'autre[9]. Face à ce non-rapport, on peut supposer un appel fait au

---

[5] Ambocepteur est un terme utilisé en hématologie et dérivé de la racine latine *ambi-* qui signifie « les deux ou les deux côtés » et signifie littéralement « quelque chose qui reçoit et lie deux choses ensemble ».

[6] Par exemple, il en dit : « L'organe n'est jamais susceptible de tenir très loin sur la voie de l'appel de la jouissance. Par rapport à cette fin de la jouissance et à l'atteinte du terme, qui serait tragique, visé dans l'appel de l'Autre, l'organe ambocepteur peut être dit céder toujours prématurément ». J. Lacan, *L'angoisse, Le séminaire Livre X*, Éditions du Seuil, Paris 2004, p. 305-306. Ou encore : « C'est dans la mesure où le désir de l'homme échoue que la femme est conduite, si je puis dire, normalement, à l'idée d'avoir l'organe de l'homme, pour autant qu'il serait un véritable ambocepteur, et c'est cela qui s'appelle le phallus. » Ibid., p. 307.

[7] Lacan le décrit ainsi :« Ce qu'il recherche, c'est moins phi, ce qui lui manque à elle – mais ça, c'est une affaire de mâle. Elle, elle sait très bien – laissez-moi dire, ne vous emballez pas – qu'il ne lui manque rien. Ou plutôt que le mode sous lequel le manque joue dans le développement féminin n'est pas articulé au niveau où il est cherché par le désir de l'homme, quand il s'agit proprement pour lui de cette recherche sadique que j'ai d'abord accentuée ici cette année, qui consiste à faire jaillir ce qui doit être chez le partenaire à la place supposée du manque. C'est de cela qu'il faut qu'il fasse son deuil ». Ibid., p. 230-231. Et il ajoute : « On nous rebat assez les oreilles avec l'histoire du *Penisneid*. C'est ici que je crois nécessaire d'accentuer la différence. »

[8] À la toute fin de son élaboration, Lacan concluait : « Freud, lui, part de sa cause phallique, pour en déduire la castration. Ce qui ne va pas sans bavures, que je m'emploie à éponger. » J. Lacan, *Dissolution*, Lettre au journal *Le Monde*, le 15 janvier 1980.

[9] Il le résume en ces termes : « La détumescence chez le mâle a engendré cet appel de type spécial qu'est le langage articulé grâce à quoi s'introduit dans ses dimensions la

of desire. It is an amboceptor,[5] as Lacan puts it, therefore asexual.[6] By maintaining this as early as the 1960's, he was ahead of what would become a de facto situation, at a time when world-wide psychoanalysis was still dealing with penis envy and anatomy as destiny in an amalgam between penis and phallus of the systems organized under the name of the Father.[7] The phallic is not only shared in an asymmetric way in that it defines the subject who has it and the object who is it; it is also shared between the two sexes in a symmetric way, since the subject's signifier is supported by a phallic jouissance present in both.

At the end of his teaching, Lacan speaks of the Freudian blunders which he "cleans up." Freud started from the phallus, extracting it from the Greeks, and from there he deduced castration.[8] Whereas Lacan started from the sexual non-relation and from there he situated castration. The phallic symbol was created to ward off castration. He advanced as a logical fiction that language is born of orgasmic detumescence in the sexual relation, insofar as the penis' subtraction limits jouissance rather than connecting it with that of the other.[9] Faced

---

[5] Amboceptor is a term used in hematology and is derived from the Latin root *ambi-* meaning "both or both sides" and literally means "something that receives and binds together two things."

[6] For example, Lacan said: "The organ is never likely to last very far on the path to the call of *jouissance*. In relation to this end of *jouissance*, and to the reaching of the term, which would be tragic, targeted in the call of the Other, the amboceptor organ can be said to always give in prematurely." J. Lacan, *L'angoisse, Le séminaire Livre X*, Éditions du Seuil, Paris 2004, p. 305-306. Or: "It is to the extent that the man's desire fails," he says, "that the woman is led, if I may say so, normally, to the idea of having the man's organ, insofar as it would be a true amboceptor, and that is what is called the phallus." J. Lacan, Ibid., p. 307.

[7] Lacan describes it in this way: "What he's seeking, it's − φ, what she's missing, but this is a male affair. She knows very well — let me say, and don't get carried away — she knows very well that she is not lacking anything. Or rather, that the mode in which the lack plays in feminine development is not to be located at the level where it is sought by the desire of the man, when it is properly a question for him of this sadistic search I stressed at the start of the year, in making emerge what should be in the partner at the supposed place of the lack. This is what he needs to mourn." J. Lacan, Ibid., p. 231. And he adds: "People go on ad nauseam with the narrative of the *Penisneid*. This is where I believe it is necessary to accentuate the difference." p. 233.

[8] At the very end of his work, Lacan says this; "Freud, for his part, starts from his phallic cause, to deduce castration. Which does not come without blunders, which I work to clean up." J. Lacan, Dissolution, *Le Monde*, January 15, 1980.

[9] Lacan summarizes it in these terms: "Detumescence in the male has generated this call of a special type which is articulated language, thanks to which the necessity of speak-

langage articulé, pour former en somme un rapport là où le sexe n'en forme pas. Finalement, Lacan attribuait un tel appel aux femmes.[10] On ne peut en approcher la raison qu'en considérant la suspension de leur jouissance par cette soustraction dans l'acte sexuel. L'ordre symbolique né de ce défaut, dans cette hypothèse, emprunte la jouissance phallique de l'homme comme signifiant majeur, précisément parce qu'elle est en défaut pour le rapport sexuel. Le langage y substitue le phallus qui renverse le défaut, et le masque tout en le révélant, équivoque propre à la langue. La jouissance phallique est dès lors marquée par cette castration dans le rapport sexuel – d'où se forme le signifiant phallique. De là elle s'étend partout. L'inconscient a construit un symbole, puis un signifiant, face à la soustraction du rapport sexuel interprétée comme une castration, qui est la castration réelle. C'est le roc biologique soupçonné par Freud et découvert par Lacan.[11] Le symbole visait à combattre la soustraction, plus tard le signifiant renonce à la jouissance, et la déplace en attribuant un agent à cette limite, à ce défaut : le Père.

On relie par erreur le signifiant phallique à l'organe, alors qu'il se réfère en réalité à la jouissance. Le symbole du phallus est seulement son signifié.[12] Confondre l'organe avec le signifiant du phallus

---

nécessité de parler. C'est de là que rejaillit la nécessité logique comme grammaire du discours. Vous voyez si c'est mince. Il a fallu, pour s'en apercevoir, rien de moins que l'émergence du discours analytique. » J. Lacan, *…ou pire*, *Le séminaire Livre XIX*, Paris, Le Seuil, 2011, p. 54.

[10] Lacan l'évoque ainsi : « Moi, je serais assez porté à croire que, contrairement à ce qui choque beaucoup de monde, c'est plutôt les femmes qui ont inventé le langage. D'ailleurs, la *Genèse* le laisse entendre. Avec le serpent, elles parlent – c'est-à-dire avec le phallus. » J. Lacan, 4 octobre 1975, « Conférence à Genève sur le symptôme », *La Cause du Désir*, no. 95, 2017/1, p. 7-24. https://www.cairn.info/revue-la-cause-du-desir-2017-1-page-7.htm. Ou encore : « Si quelque chose dans l'Histoire peut être supposé, c'est bien que c'est l'ensemble des femmes qui a engendré ce que j'ai appelé *lalangue*. » J. Lacan, *Le sinthome*, *Le séminaire Livre XXIII*, (1975-1976), Paris, Le Seuil, 2005, p. 117.

[11] Rappelons ce fait qui n'est jamais remarqué, quoique évident : la disjonction des réactions orgastiques de l'homme et de la femme, avec un seuil orgastique bas et une précocité pour l'un, et un seuil élevé et une lenteur pour l'autre, ne convient pas à une connexion des jouissances sexuelles des deux sexes, mais elle convient bien sûr à une efficacité procréatrice, elle est faite pour cela. Plus l'émission de sperme est précoce, plus elle a une chance de féconder, plus l'orgasme de la femme est lent, moins il y a de risque qu'elle se retire avant d'être fécondée.

[12] « …L'erreur commune qui ne voit pas que le signifiant c'est la jouissance, et que le phallus n'en est que le signifié. » J. Lacan, *…ou pire, Le séminaire Livre XIX*, Edition du Seuil, Paris, 2011, p. 17.

with this non-relation, we can deduce that an appeal was made to language, for it to form a relation that sex does not provide. In the end, Lacan supposed that such an appeal was made by women.[10] We can only approach the reason for this by considering the suspension of her jouissance in the sexual act. Henceforth, the symbolic order born from it, in this hypothesis, borrowed phallic jouissance of man as its major signifier, precisely because of its being in default for the sexual relation. Language compensates for it, reverses it, and masks it while revealing it. This is the equivocation of language. Phallic jouissance is therefore marked by encountering castration in the sexual relation – which supports the signifier of the phallus. From there, castration extends elsewhere. The unconscious has constructed a symbol, and then a signifier, to respond to the penis' subtraction in the sexual relation — which represents as such the real castration. This is the biological rock supposed by Freud and discovered by Lacan.[11] The symbol aimed to fight the defect; later, the signifier renounces jouissance and displaces it by attributing an agent to its limit, to its default: the father.

A major misunderstanding lies in the idea that the signifier of the symbolic order relates to the organ, while in fact, it refers to the jouissance. The symbol of the phallus is only its signified.[12] Confus-

---

ing is introduced into its dimensions. This is where logical necessity arises as a grammar of discourse. You see if it's thin. To realize this, it took nothing less than the emergence of analytical discourse." J. Lacan, *...ou pire, Le séminaire Livre XIX*, Éditions du Seuil, Paris, 2011, p. 54.

[10] He describes it this way: "Personally, I would be inclined to believe that, contrary to what shocks many people, it was rather women who invented language. Moreover, Genesis suggests this. With the snake, she speaks – that is to say, with the phallus." J. Lacan, 4 octobre 1975, « Conférence à Genève sur le symptôme », *La Cause du Désir*, 2017/1 (N° 95), p. 7-24. Or again: "If something in History can be assumed, it is that it is the set of women who generated what I called *lalangue*..." J. Lacan, *Le sinthome, Le séminaire Livre XXIII*, (1975-1976), Éditions du Seuil, Paris 2005, p. 117.

[11] Let us recall this fact which is never noticed, although obvious: the disjunction of the orgasmic reactions of men and women, with a low orgasmic threshold and precocity for one, and a high threshold and slowness for the other. While not suitable for a connection of the sexual enjoyment of both sexes, it is of course suitable procreative efficiency, it's made for that. The earlier the sperm is released, the more likely it is to fertilize, the slower the woman's orgasm, the less risk there is of her withdrawing before being fertilized.

[12] "The common mistake which fails to see that the signifier is jouissance, and that the phallus is just its signified." J. Lacan, *...ou pire, Le séminaire Livre XIX*, Edition du Seuil, Paris, 2011, p. 17.

est l'erreur commune de notre société, qui a nourri l'idée que la castration est le fait d'un seul sexe. En réalité, elle a sa source dans le rapport sexuel lui-même, avec la rencontre manquée de jouissances structurellement disjointes, matérialisée par la coupure de la fonction copulatoire. La castration est partagée entre les deux sexes, tous deux limités, l'un qui subit un prélèvement sur sa jouissance, et l'autre qui subit une suspension de sa jouissance.

D'autre part, la jouissance phallique, et d'abord celle de l'orgasme, est la même dans les deux sexes, que l'organe soit clitoridien ou pénien. Au niveau psychique, la jouissance phallique est également identique pour les deux sexes, elle vise à avoir les objets du désir à disposition. Elle a une particulière importance dans l'inconscient.

ing the organ for the signifier of the phallus is a common mistake of our society. Confusing the phallus for the penis has fed the idea that castration belongs to a single sex. In fact, castration has its source in the sexual relation itself because of the missed encounter between structurally disjointed jouissances, through the detumescence in the copulatory function. Castration is shared between the two sexes, both limited, one of which suffers a withdrawal of its jouissance, and the other suffers a suspension of its jouissance.

On the other hand, phallic jouissance, firstly that of the orgasm, is the same in both sexes, whether the organ is clitoral or penile. At the psychic level, the phallic jouissance is also the same for both sexes, one that aims to have desired objects at one's own disposal. It has a particular importance in the unconscious.

Les découvertes de la physiologie clitoridienne changent la donne

Lacan considérait l'orgasme comme un « point terme » du sujet.[13] Cette expression est un peu mystérieuse, mais l'expérience montre combien l'orgasme représente un point où le sujet est à la fois culminant et évanouissant, suspendu, disparaissant et réapparaissant au-delà. Forme de jouissance phallique, l'orgasme sépare le sujet de la jouissance de l'Autre, qui peut l'annihiler comme sujet du langage. Il soutient donc le sujet de l'inconscient. En 1980, Lacan faisait remarquer que les femmes participaient aussi de cette jouissance : « ... elle ne l'a pas moins que l'homme, à quoi s'accroche son instrument (organon). Si peu qu'elle-même en soit pourvue (car reconnaissons que c'est mince), elle n'en obtient pas moins l'effet de ce qui limite l'autre bord de cette jouissance, à savoir l'inconscient irréductible. »[14]

Quelle que soit la taille de l'organe, les femmes jouissent du même effet : sa source est l'orgasme plus que l'organe, et l'orgasme est équivalent quel que soit l'organe. Il a un effet sur l'inconscient, qui constitue l'autre bord de la jouissance phallique[15]. La jouissance

---

[13] Il en dit ceci : « Il est clair que c'est au titre de jouissance dont, pour nous, il ne suffit pas de constater que dans ce moment d'idéal – j'insiste sur idéal – il est réalisé dans la conjonction sexuelle, pour que nous disions qu'il est immanent à la conjonction sexuelle et la preuve c'est que ce moment d'orgasme est exactement équivalent dans la masturbation, je dis : en tant qu'il représente ce point terme du sujet. » J. Lacan, *L'objet de la psychanalyse*, séminaire inédit, le 27 avril 1966.

[14] J. Lacan, *Dissolution, op. cit.* Il poursuit : « C'est même en cela que "les" femmes, qui, elles, existent, sont les meilleures psychanalystes – les pires à l'occasion. C'est à la condition de ne point s'étourdir d'une nature anti phallique, dont il n'y a pas trace dans l'inconscient, qu'elles peuvent entendre ce qui de cet inconscient ne tient pas à se dire, mais atteint à ce qui s'en élabore, comme leur procurant la jouissance proprement phallique. »

[15] Une référence topologique montre comment situer la jouissance phallique supportée par l'orgasme : entre réel et symbolique, hors du corps, le corps étant considéré pour le psychisme selon l'image spéculaire. Pour le saisir, il est nécessaire de se référer à l'écriture du nœud borroméen, dans « La troisième » (1974) où la jouissance phallique est

The Discoveries of Clitoral Physiology, a Game Changer

Lacan considered the orgasm a "terminal point" of the subject.[13] This expression is somewhat mysterious, but experience amply illustrates that orgasm represents a point where the subject is both culminating and vanishing, suspended, disappearing in it to resurface beyond it. A form of phallic jouissance, orgasm separates the subject from the jouissance of the Other, who could annihilate it as subject of language. It thus supports the subject of the unconscious. Lacan, in 1980, pointed out that women also participated in this mode of jouissance, "...she does not have it any less than the man, to whom his instrument (organon) clings. As poorly endowed as she is (for let us recognize that it is slim), she manages no less to obtain the effect of what limits the other edge of this jouissance, namely the irreducible unconscious."[14]

Whatever the size of the organ, women enjoy the same effect: its source is the orgasm more than the organ, and orgasm is equivalent whatever the organ. It has an effect in the unconscious which, as a limit, constitutes the other edge of phallic jouissance.[15] Phallic jouis-

---

[13] "It is clear that it is in the name of jouissance, of which for us it is not enough to note that in this moment of the ideal – I insist on 'ideal'– it is realized in the sexual conjunction, so that we say that it is immanent in the sexual conjunction and the proof is that this moment of orgasm is exactly equivalent in masturbation, I say: insofar as it represents this *point terme* - terminal point - of the subject." J. Lacan, *L'objet de la psychanalyse*, unpublished seminar, April 27, 1966.

[14] J. Lacan, *Dissolution, Le Monde*, January 15, 1980. "It is even in this way that 'women,' who do exist, are the best psychoanalysts — the worst on occasion. It is on condition of not becoming dazzled by an anti-phallic nature, of which there is no trace in the unconscious, that they can hear what the unconscious itself doesn't say, while nonetheless reaching what is elaborated by it, as procuring for them properly phallic *jouissance.*"

[15] There is a topological reference here, concerning the location of the phallic *jouissance* supported by orgasm: it is located between the real and the symbolic, outside the body, the body as it is approached by the psyche through its specular image. In order to grasp this, it is necessary to refer to the diagram of the Borromean knot in Lacan's

phallique a un bord du côté du langage, et un autre du côté du réel du corps, l'orgasme, et un troisième qui déclenche l'élaboration de l'inconscient.

En outre, l'organe clitoridien est plus grand que l'on ne le pensait, puisque c'est seulement dans les années 1980 que la part interne du clitoris fut décrite anatomiquement, avec ses arches et ses piliers, beaucoup plus volumineuse que la part externe, et en contact avec la paroi interne du vagin. Odile Buisson, une gynécologue française, a découvert en 2010, avec l'échographie, la physiologie du clitoris durant le coït, montrant que l'organe interne enflait quand le gland externe était stimulé, appuyant sur la paroi du vagin en lui communiquant sa sensibilité orgastique. Le mystère de l'orgasme vaginal était résolu. Les sexologues, les féministes, et les études de genre s'étaient moqués de Freud en l'accusant d'avoir inventé un orgasme vaginal imaginaire quand il avait soutenu, en 1905, qu'une stimulation du gland clitoridien externe pouvait, comme un « petit bois d'allumage », allumer un « grand feu » vaginal. Les dernières découvertes physiolo-

---

écrite $J\varphi$, située à l'intersection entre réel et symbolique. Nous pouvons voir là les trois consistances, le symbolique comme langage, le corps comme imaginaire, le réel comme jouissance, trois champs tenus ensemble autour du centre du nœud, qui est l'objet a, le plus de jouir. L'objet a est le seul moyen d'approcher une jouissance une fois qu'elle a été interdite et qu'on y a renoncé. Une femme peut alterner entre la jouissance Autre (JA) et la jouissance phallique (Jφ), en se laissant en partie représenter l'objet a.

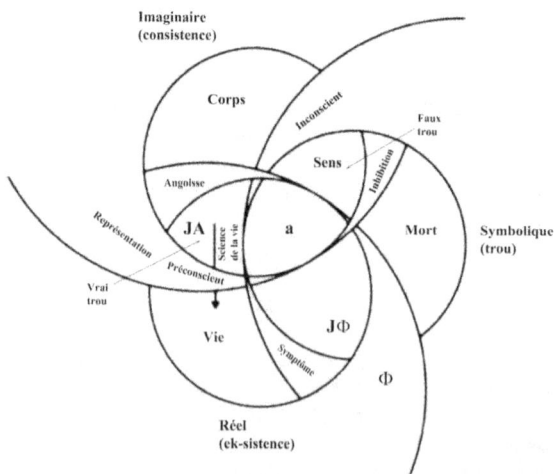

sance has an edge on the side of language, another on the side of the real of the body (orgasmic jouissance) and a third edge, which triggers unconscious elaborations.

In addition, the clitoral organ is larger than previously thought, since it was not until the 80's that the internal part of the clitoris was described anatomically, with its arches and pillars, much bigger than the outer and in contact with the inner wall of the vagina. Odile Buisson, a French gynecologist, discovered in 2010, with ultrasound, the physiology of the clitoris during coitus, showing how the internal organ swelled when the external gland was stimulated, pressing against the vaginal wall and communicating its orgasmic sensitivity. The mystery of the vaginal orgasm was solved. Sexologists, feminists and gender studies theorists had mocked Freud by accusing him of having invented an imaginary vaginal orgasm when in 1905 he advocated that an external clitoral stimulation could "light a large vaginal fire." The latest physiological discoveries show that he was partly right,

---

La troisième (1974), where the phallic *jouissance* is written Jφ, located at the intersection between real and symbolic. We see here the three consistencies — symbolic as language, body as imaginary, real as *jouissance* — knotting together by tightening three fields around the center of the knot, that is object *a*, the surplus enjoyment *(plus de jouir)*. Object *a* is the only way for reapproaching *jouissance* once it has been prohibited and renounced. A woman can alternate between *jouissance* Autre (JA) and phallic *jouissance* (Jφ), by lending herself to representing the object, a.

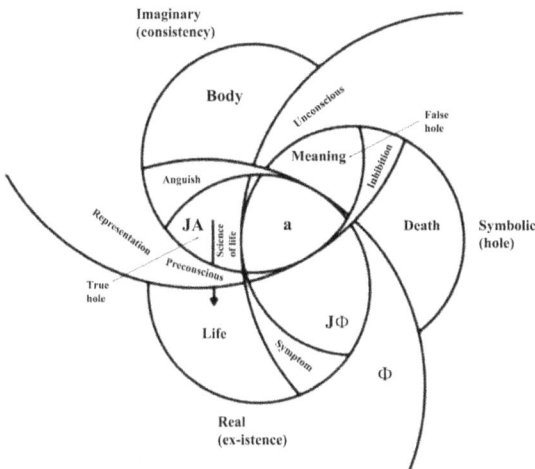

giques montrent qu'il avait en partie raison même si l'organe interne était encore ignoré. Histologiquement, le clitoris est en effet le seul organe source d'orgasme dans le corps féminin, mais il est actif par deux voies possibles, interne et externe, vaginale ou non. Il n'y a pas d'orgasme vaginal, mais il y a un orgasme par pénétration vaginale. Les conséquences n'en sont pas seulement physiologiques et psychologiques, mais aussi idéologiques et politiques.

Les découvertes bien connues des années 1960, de Kinsey, Masters et Johnson indiquaient que l'orgasme clitoridien, le seul possible pour la femme, n'était pas aisément suscité par le coït. Une profonde évolution suivit, où le gland du clitoris était annoncé comme seul organe de plaisir, seule jouissance des femmes, sans référence aux hommes. De nombreux discours ont réfuté l'existence d'un orgasme vaginal, promouvant l'autoérotisme, écartant le rôle de l'autre dans la jouissance, étape importante qui mit la jouissance clitoridienne au centre des discours après des siècles de refoulement dans les sociétés patriarcales, effet positif contribuant à lever le refoulement séculaire.

Mais peu à peu, à la figure masculine de l'Un de la jouissance phallique, dénoncée pour son autoérotisme, vint s'ajouter l'Un féminin de la jouissance également phallique. Un autoérotisme se place en miroir de l'autre. L'Un de la jouissance phallique féminine caractérise maintenant la presque totalité des mouvements féministes, autrefois divisés entre différentialistes, prenant en compte la différence des sexes, et universalistes, ceux qui ne retiennent aucune différence. La logique de l'Un, comme logique du tout, a engendré différents modes de radicalités. Par exemple, celui de Valérie Solanas, dans les années 1980, fondant le SCUM, mouvement pour l'élimination des hommes, qui représente encore aujourd'hui, pour certains discours, la plus pure forme du féminisme.

Nous ne sommes certainement pas à la fin des développements de ces discours, et certains auraient pu déjà se développer autrement, à la lumière des nouvelles découvertes concernant le clitoris interne. Étrangement, ce n'est pas encore le cas. Ce drôle d'organe, en forme d'avion supersonique Concorde, est maintenant bien connu et représenté dans les manuels, montré partout, porté en procession comme les anciens Grecs le faisaient du simulacre du phallus, avec beaucoup

even though the internal organ was still unknown. For, while indeed histologically the clitoris is the only organ as a source of the orgasm in the female body, it is active through two possible paths, internal and external. There is no vaginal orgasm, but there is an orgasm through vaginal penetration. This has not only physiological and psychological consequences, but also ideological and political ones.

The well-known discoveries of the 60's by Kinsey and Masters and Johnson indicated that clitoral orgasm, the only one for women, was not easily brought about by coitus. A profound evolution followed, claiming the external clitoris as the only organ of pleasure, recognizing only one jouissance for women, without reference to men. Many discourses challenged the very existence of vaginal orgasm, promoting autoeroticism, discarding the role of the other in jouissance — an important phase that put clitoral jouissance at the center of discourses after centuries of repression in patriarchal societies, and which had the positive effect of overcoming age-old repression.

But gradually, to the masculine figure of the One of phallic jouissance, denounced for its autoeroticism, was added the feminine One of equally phallic jouissance. One autoeroticism mirrors another. The One of feminine phallic jouissance now characterizes the near entirety of feminist movements, which had been split before between the differencialists, who care about the difference between the sexes, and the universalists, who claim there is no difference. The logic of the One, as logic of the All, has engendered different types of radicalities. For example, that of Valerie Solanas in the 1980's, who had invented the SCUM movement for the elimination of men and that still represents for some discourses the purest form of feminism.

We have certainly not come to the end of the infinite developments of these discourses, and some could have already developed otherwise, in light of the discovery of the internal clitoris. Strangely, this is not yet the case. This funny organ in the shape of the supersonic Concorde plane is well known, represented in the textbooks, shown everywhere, carried in a procession like the ancient Greeks did with the phallic simulacrum – and with much laughter. It was even exhibited by the "Clito Gang" at the Trocadero across from the Eiffel Tower.[16]

---

[16] March 8, 2021. Julia Pietri, founder of the *Gang du Clito*, https://www.causette.fr/societe/initives/journee-internationale-des-droits-des-femmes-qui-a-peur-du-clitoris https://www.instagram.com/p/CMZSEkUgHXT/ The photo shows the clitoral balloon sit-

de rires. Il fut même exposé par le Gang du Clito au Trocadéro en face de la Tour Eiffel.[16]

Cependant, la seule chose qui semble avoir été retenue jusqu'ici du clitoris interne est son image anatomique : il enfle autant que le pénis pour représenter le phallus. Une fois encore, l'organe a été confondu avec la jouissance. Ce dont il s'agit, au lieu de cela, est son mode de jouissance, qui n'est pas seulement autoérotique mais qui peut être partagée avec l'autre. La possibilité d'un rapport des jouissances des deux sexes ne peut s'élaborer sur un mode universel, ni être écrit en un discours, elle est complexe et problématique mais n'est pas impensable comme invention singulière.

---

[16] Le 8 mars 2021, par Julia Pietri, fondatrice du gang du Clito, https://www.causette.fr/societe/initiatives/journee-internationale-des-droits-des-femmes-qui-a-peur-du-clitoris https://www.instagram.com/p/CMZSEkUgHXT/. La photo montre le gonflable clitoridien exposé sur l'esplanade, plus grand que la femme qui l'expose, et presque aussi grand en perspective que la Tour Eiffel derrière lui.

However, the only thing that seems to have been retained of the internal clitoris so far is its anatomical image: it swells as much as the penis to represent the phallus. Once again, the organ has been mistaken for the jouissance. What is at stake, instead, is its jouissance, and not only an autoerotic jouissance, but also one that can be shared with the other. The possibility of a relation of the jouissances of the two sexes cannot be approached in a universal fashion, cannot be written in a discourse; it is complex and problematic, but it is not unthinkable as a singular invention.

---

ting on the esplanade, bigger than the woman exhibiting it, and almost as big in perspective as the Eiffel Tower behind it.

Le pas tout et la fonction phallique

La plupart des discours féministes actuels ont adopté une nouvelle forme de logique phallique sans rapport avec l'Autre sexe : après avoir dénoncé à juste titre l'excès de la logique masculine de l'Un, ils ont proposé son image en miroir dans un discours de toutes les femmes. Il est intéressant, à cet égard, de comparer les discours qui croient à l'inconscient et ceux qui n'y croient pas. La sexuation, selon Lacan, implique un côté féminin (qui peut être occupé par tous les genres) où l'Universel n'est pas en jeu, mais plutôt un Pas tout, et que n'adoptent pas toutes les femmes. La difficulté à saisir la logique du Pas tout tient au fait qu'elle ne fonctionne pas comme norme mais comme détermination singulière. On ne peut pas dire qu'elle définit le féminin, puisqu'elle est seulement adoptée par une part du féminin. Elle se déploie seulement pour les femmes qui l'adoptent, et ceux qui la partagent indépendamment de leur genre. Elle n'est soutenue et ne persiste qu'en renouvelant sans cesse cette détermination logique.

Cette logique implique de reconnaître qu'il n'y a pas d'exception à la castration. Aucun homme qui pourrait satisfaire toute femme. Pas d'Autre, divin ou non, qui pourrait faire l'expérience d'un rapport sexuel sans cette sorte de castration. Aucun ne pourrait éviter la disjonction des deux jouissances dans le rapport sexuel. Une femme qui entre dans cette logique renonce, par exemple, à la logique de l'hystérie qui croit que tous les hommes sont châtrés, mais qu'il y en a un qui ne l'est pas, un vrai Homme, (le Père, notamment, comme exception). C'est pourquoi, comme Lacan le remarquait, l'hystérique fait l'homme, aux deux sens, crée l'homme et agit comme lui. Par le biais de parler au nom de toutes les femmes, le discours hystérique va de pair avec le discours patriarcal.

Renoncer à l'exception paternelle exige de prendre en compte la castration intrinsèque au rapport sexuel. On connaît l'angoisse de l'homme de ne pas pouvoir faire jouir une femme, et l'angoisse de la femme de ne pas pouvoir jouir. Cette expérience de la castration est

The Not-All and the Phallic Function

Most current feminist discourses have adopted a new form of phallic logic, without relation with the Other sex: after denouncing the phallic, masculine, logic of the One, they proposed its mirroring image in the discourse of All women. It's interesting in this regard to compare the discourses that believe in the unconscious and those that don't. Sexuation, according to Lacan, implies a feminine side (which can be occupied by all genders) where the universal is not at stake, but rather a Not-all, and it is not at stake in all women. The difficulty in grasping the logic of the Not-all begins with the fact that it does not function as a norm: it functions as a singular determination. One cannot say that it defines the feminine, since it is only adopted by a part of the feminine. It only unfolds for those who adopt it, and those who share it independently of their gender. And it persists, is sustained, only by always renewing this logical determination.

This logic implies recognizing that there is no exception to castration. No man who could satisfy every woman. No Other, divine or not, who could experience sexual relations without castration. No one who could avoid the disjunction of jouissances occurring in sexual intercourse. A woman who enters into this logic renounces, for example, the hysterical logic that, while believing that all men are castrated, still there is one, a "Real man" (the father of exception) who is not. This is why the hysteric, as Lacan noted, creates man, *fait l'homme,* and this in two ways: creates man in himself and acts like him. By speaking on behalf of all women, the hysteric discourse goes hand in hand with the patriarchal discourse.

Giving up on the paternal exception requires reckoning with the castration intrinsic to the sexual relation. We are familiar with man's angst of not being able to make a woman enjoy, and with woman's angst of not being able to enjoy. This experience of castration is the source of all others, the one that can be called real, and not just

la source de toutes les autres, elle est celle que l'on peut qualifier de réelle, et pas seulement de symbolique ou d'imaginaire. J'ai développé cela dans des ouvrages précédents, je ne m'y arrête pas maintenant[17].

La castration n'est pas définie en termes d'anatomie telle qu'elle a été conceptualisée par presque tous les freudiens et post-freudiens en se réclamant de l'absence de pénis dans un sexe et de l'envie supposée dans l'autre. Cette idée que la définition de la castration a sa source dans l'anatomie a été combattue à juste titre par les discours féministes et les *Gender Studies*. Mais ils semblent la renouveler en lui opposant un miroir féminin du masculin.

Aucune de ces études ne s'est approchée de la logique du pas tout, exceptée Simone de Beauvoir, lorsqu'elle distinguait entre une part du féminin dépendant de l'universel du langage et une autre part singulière, plus spécifique. Les féminismes différentialistes ont reconnu à la femme différents modes de jouissance, mais à partir du fait qu'elle est à la fois femme et mère, et que sa physiologie permet d'accueillir un nouvel être. Ce n'est pas là que se joue le Pas tout, car la jouissance de la mère est également phallique, à travers l'objet phallique que représente l'enfant. C'est au sein même de la logique pas toute que deux positions alternent, l'une phallique, l'autre non.

C'est pourquoi, curieusement, une sainte en est un exemple éloquent, bien qu'elle ne participe pas à la jouissance sexuelle et qu'elle n'ait pas d'autre partenaire que Dieu. Il est surprenant que Lacan ait pris les Mystiques, notamment Sainte Thérèse d'Ávila, comme exemple de l'autre jouissance, puisque c'est une femme qui a renoncé au sexe. Mais si elle s'est retirée de la jouissance sexuelle, dont même la masturbation ne l'intéresse pas, elle le dit, elle ne s'est pas retirée de la jouissance psychique de l'Autre, lorsque l'Autre est Dieu. Cette jouissance est définie selon un mode logique plutôt qu'organique, bien qu'elle précise elle-même que cela implique le corps. Cela devient évident dans l'extase provoquée par l'ange qui la frappe, représentée par la célèbre statue du Bernin.

Dans le cas de Thérèse, peut-on dire que même Dieu ne représente plus pour elle l'exception à la castration qui permet de fonder

---

[17] On peut se reporter aux commentaires qui en sont développés dans G. Chaboudez, *Le concept du phallus*, Lysimaque, Paris 1995, *Que peut-on savoir sur le sexe ? Un rapport sans univers*, Hermann, Paris 2017, traduction anglaise : *What Can We Know About Sex? A Lacanian Study About Sex and Gender*, CFAR, Routledge, 2022.

symbolic or imaginary. I have addressed this in earlier writings, and I will not return to it now.[17]

Castration is in no way defined in terms of anatomy such as it has been conceptualized by almost all Freudians and post Freudians, referring to an absence of the penis and its supposed related envy. The idea that the definition of castration found its source in anatomy was rightly opposed by feminist and gender studies discourses. But they seem to have renewed it by opposing it with a feminine mirroring of the masculine.

None of these studies have approached the logic of a Not-all, except Simone de Beauvoir when she distinguished a part of the feminine dependent on the universal of language and another singular more specific one. The differentialist feminisms recognized in a woman different modes of jouissance, but stemming from her being woman and mother at the same time, and that her physiology is set to greet a new being. This is not where the Not-all plays out, for the mother's jouissance is phallic as well, that of the phallic object the child represents. It is within the Not-All logic that two positions alternate, one phallic, the other not.

This is why, oddly, a saint is an eloquent example of it, even though she does not participate in sexual jouissance and although she has no partner beside God. It came as a surprise that Lacan took the Mystics, notably Saint Theresa of Avila, as an example of the Other jouissance, a woman who has given up sex. But, while she was removed from sexual jouissance, since even masturbation did not interest her, as she says, she was not removed from the psychic jouissance of the Other, even though the Other is God. This jouissance is defined according to a logical mode rather than an organic one, although she herself specifies how much it involves the body. This is obvious in the ecstasy provoked by the angel striking her, famously portrayed by Bernini.

In Theresa's case can we say that even God no longer represents for her the exception to castration that establishes a logic of the All? Yes, since her narrative shows that starting from a certain point of her

---

[17] See G. Chaboudez, *Le concept du phallus,* Lysimaque, Paris 1995 ; *Que peut-on savoir sur le sexe ? Un rapport sans univers,* Hermann, Paris 2017, translated into English as *What can we know about sex? A Lacanian Study about Sex and Gender,* CFAR, Routledge, 2022.

une logique du Tout ? Oui, puisque son récit montre qu'à partir d'un certain point de son élaboration, Dieu n'évite pas le manque, ni même l'inexistence. C'est là que se consomme, comme elle le dit, son union avec le Fils, l'époux dont elle jouit désormais, qui est cet autre versant de la Trinité, l'Autre sacrifié. La logique du pas tout qui lui a permis d'accéder à une jouissance Autre, lui permet aussi, par ailleurs, une jouissance psychique phallique, qu'elle a exercée très efficacement dans la fondation et la gestion de monastères et la réforme du Carmel. Le Pas tout signifie ne pas être toute dans la fonction phallique, mais y être pleinement quand même, et ne pas être toute dans la jouissance Autre, mais y être pleinement aussi. Aucune femme n'adhère seulement à cette jouissance Autre, puisqu'elle participe également à la jouissance phallique, et par conséquent circule entre l'une et l'autre, malgré leur distance. Il y a la possibilité de deux jouissances pour une femme, et non pas une seule. En annoncer une seule consiste à méconnaître la donne féminine.

La logique du Pas tout concerne tous ceux, femmes et hommes, qui, d'une manière ou d'une autre, en ont fini avec le prototype du Nom du Père. Elle ouvre à la découverte de ce qui existe en dehors des énoncés du discours. Non sous formes de dits, mais sous forme d'actes et de dires, ils ont un impact sur le discours qui jusqu'ici a été laissé aux domaines de la poésie, de la religion ou de la tradition ésotérique. Dans la relation entre une femme et un homme, cette logique joue un rôle crucial. La jouissance en jeu n'est pas seulement la jouissance de l'homme, mais aussi le mode selon lequel la femme jouit de lui. En se prêtant en tiers terme comme objet de la fonction phallique, elle jouit aussi du corps de l'autre, en se divisant entre différents pôles.

Cette féminité du Pas tout est ainsi divisée entre le discours et ce qui est hors discours ; entre se prêter comme objet et jouir de l'Autre, tout en développant par ailleurs dans le discours une jouissance phallique. Beaucoup d'actes naissent de ce lieu entre-deux, un pied dedans et un pied dehors. Nous sortons ici de la logique de l'Un, non seulement en principe, mais en action, sur des points précis, observables, à découvrir un par un. Le même mode de nouage entre deux jouissances est aussi concevable dans un rapport au sein du même sexe.

elaboration, God does not avoid lack, not even inexistence. This is where, as she puts it, her union with the Son is consummated, the spouse that she enjoys henceforth, who is this other side of the trinity, the sacrificed Other. The logic of the Not-all that allowed her access to an Other jouissance, also opened up for her a psychic phallic jouissance that she exercised quite efficiently in founding and managing monasteries and reforming the Carmelite Order. Not-all means being not all in the phallic function, but being fully there anyway, and being not all in the Other jouissance but being there fully as well. No woman adheres only to this Other jouissance, since she also participates in phallic jouissance, and consequently moves between the one and the other, despite their distance. There is the possibility of two jouissances in the feminine position, not just one. To recognize only one is to misrecognize the feminine deal.

The logic of a Not-all concerns all those, woman and man, who in one mode or another, are done with the prototype of the Name of the Father. It opens up to the discovery of what exists outside discourse, outside the pronouncements of discourse. Not in statements, but in actions and sayings, they have an impact on discourse that so far has been left to the fields of poetry, religion, or esoteric tradition. In the relation of a woman and a man, this logic plays a crucial role. The jouissance in play is not only man's jouissance, but also the mode in which a woman enjoys him. While lending herself as an object of the phallic function (a third term) she enjoys the other's body, being divided there between different poles.

This femininity is in this way divided between discourse and what is outside discourse; between lending oneself as an object and enjoying the Other, while at the same time developing phallic jouissance in discourse. Many acts originate from this place in between, one foot in and one foot out. Here, we exit the logic of the One, not only in principle, but in action, concerning precise, observable points, to be discovered one by one. The same mode of knotting between two jouissances is also plausible in a relationship within the same sex.

Questions et réponses

Q : Joe. Ne peut-on pas se passer du phallus ?

R : J'ai parlé des discours actuels qui nous demandent de nous passer du phallus, en montrant comment ces discours partageaient la même confusion, le même amalgame entre phallus et pénis, que les sociétés patriarcales. Lacan, comme je le disais, s'est penché sur ce concept après Freud, en s'apercevant qu'il avait pour fonction essentielle de soutenir le sujet du langage. C'est ainsi que la psychanalyse s'est intéressée au phallus, en voyant que le sujet est construit sur lui. On peut changer de vocabulaire si l'on veut, mais on ne saura plus de quoi l'on parle. Se débarrasser du mot « phallus » sans comprendre d'où viennent son concept et sa fonction pourrait consister à maintenir cette idéologie intacte. Les discours qui nous demandent de cesser d'utiliser le mot « phallus » refusent de voir que notre siècle a prouvé que le phallus est également partagé par les deux sexes, non seulement d'un point de vue signifiant (maintenant que les femmes, dans les pays occidentaux, ont accédé à tous les discours, professionnellement par exemple, où elles produisent aux côtés des hommes), mais aussi du point de vue des jouissances et de la rencontre amoureuse. Comme je l'ai dit, la jouissance orgasmique est la même pour les deux sexes, la jouissance phallique aussi, et là est le signifiant réel. Mais le phallus a été pris pour le signifiant et confondu avec l'organe, alors qu'il n'en est que le signifié, et que, comme organe, bien sûr il n'est pas présent dans les deux sexes. L'attribution historique du phallus à un seul sexe fut un effet, peut-on dire, de l'inconscient dans la mesure où l'inconscient est la politique. Ce fut une défense contre la jouissance de l'Autre, celle qui menace le sujet de multiples façons – en tant qu'elle est exclue des lois de la parole. Il me semble qu'il est plus intéressant de prendre en compte cette notion de phallus, qui concerne tout autant désormais les performances féminines, puisque hors de la loi il est symbole d'union sexuelle et de jouissance féminine, plutôt

Question and Answers

Q: Joe. Can't we do without the phallus?

A: I spoke about the current discourses that ask us to do without the phallus, by showing how these discourses shared the same confusion, the same amalgam between phallus and penis as patriarchal societies. Lacan, as I said, addressed this concept after Freud, realizing that it had the essential function of supporting the subject of language. That is how psychoanalysis became interested in the phallus, seeing that the subject of language is built on it. We can change our vocabulary if we wish, but we will no longer know what we are talking about. Getting rid of the word phallus without understanding where its concept and function is coming from, could be a way to keep past ideologies intact. The discourses that ask us to stop using the word phallus refuse to see that our century has proven that the phallus is equally shared by the two sexes, not only from a signifying perspective (now that women in western countries have acceded to all discourses, professionally for instance, where they perform alongside men), but also from the perspective of jouissances and the amorous encounter. As I said, orgasmic jouissance is the same in both sexes and phallic jouissance too, and this is the real signifier. But the phallus has been taken for the signifier and conflated with the organ, which is the signified - and of course as an organ it is not present in both sexes. The historical attribution of the phallus to a single sex, was an effect, one could say, of the unconscious, to the extent that the unconscious is politics. It was a defense against the Other's jouissance, the one that threatens the subject in multiple ways - as it is excluded from the laws of speech. It seems to me that it is more interesting to take into account the notion of the phallus, which is now just as much about women's performances, since outside the sexual law it is a symbol of sexual union and feminine jouissance, rather than eliminating it due to the fact it was unilateralized in the past. Of course, the forces at

que de la supprimer du fait qu'il a été unilatéralisé dans le passé. Bien sûr, les forces à l'œuvre autrefois sont toujours présentes, même si dans certains pays elles ont moins d'ampleur et de puissance. Refuser ce concept aujourd'hui reviendrait plus ou moins à ne pas vouloir voir comment il s'est construit ni ce qu'il était destiné à masquer.

C. Paola Mieli : « Il faut d'abord l'utiliser pour pouvoir s'en passer. »

Q : Lillian Ferrari : Peut-on dire que la logique phallique du Tout est à l'œuvre aujourd'hui dans les régimes autocratiques qui se développent un peu partout ?

R : Bien sûr, mais elle est maintenant un peu plus circonscrite, alors qu'auparavant elle était universelle. On voit que plus cette logique du tout se dissipe dans les régimes occidentaux, plus elle s'épanouit sous forme totalitaire dans les régimes autoritaires. C'est là qu'on se rend compte que, même si on ne peut pas faire un court-circuit qui consisterait à penser que ces régimes sont dirigés contre le féminin, il est sûr qu'ils sont orientés contre la logique du Pas tout, qui concerne une grande partie du féminin. La logique du Pas tout fait une brèche dans la logique du Tout.

Q : Jocelyn Ripley : La jouissance au-delà du corps est-elle une forme de sublimation ?

R : Je ne sais pas si j'utiliserais cette expression de jouissance au-delà du corps. Ce que j'ai dit, et très prudemment, c'est : « jouissance au-delà du phallus. »

Q : Jocelyn Ripley : Mais la jouissance au-delà du fait de faire l'amour, comme Sainte Thérèse ?

R : La question de sa jouissance est basée sur le fait que l'Autre est absent. Quand on entre en religion, l'Autre, c'est Dieu, bien sûr. Au début de son expérience, Thérèse avait affaire à Dieu, comme tout le monde, à un Autre tout-puissant. Au fur et à mesure qu'elle progressait dans ses expériences d'extase et d'écriture — une écriture qui lui avait été demandée — peu à peu, elle avait affaire à un Autre différent.

work in the past are still present today, even though in some countries they have less amplitude and power. To refuse this concept now would mean more or less to not want to see how it was built, or what it was designed to mask.

C. Paola Mieli: "You have to use it first to be able to do without it."

Q: Lillian Ferrari: Can we say that the phallic logic of the All is at work today in the autocratic regimes that are popping up all over?

A: Of course, but it is now a little more circumscribed, previously it was universal. And we see that the more this logic of the all dissipates in Western regimes, the more it blossoms in totalitarian forms in authoritarian regimes in extremist fashion. This is where we realize that even if we cannot make a short-circuit thinking that these regimes were directed against the feminine, what is certain is that they are oriented against the Not-all logic, which concerns a great part of the feminine. The Not-all logic makes a dent in the logic of the All.

Q: Jocelyn Ripley: Is jouissance beyond the body a form of sublimation?

A: I don't know if I would use this expression of jouissance beyond the body. What I said and very carefully is "jouissance beyond the phallus."

Q: Jocelyn Ripley: But the jouissance beyond the fact of having sex, like Saint Theresa?

A: The question of her jouissance is based on the fact that the Other is missing. When entering religion, the Other is God, of course. At the beginning of her experience, Theresa was dealing with God, the same as everyone, with an all-powerful Other. As she progressed in her experiences of ecstasy and writing — writing that had been solicited from her — little by little she was dealing with a different Other. The Other was no longer the divine all-powerful Father but the martyred Son. And the fact that this son had been sacrificed in the Name of the Father, certainly related this jouissance to suffering, but from a logical

L'Autre n'était plus le Père divin tout-puissant mais le Fils martyr. Et le fait que ce fils ait été sacrifié au nom du Père a certes lié cette jouissance à la souffrance, mais d'un point de vue logique, dans la mesure où elle déconstruit l'Autre en tant que tout. Je ne crois pas qu'on doive définir la sublimation comme une création qui se substitue à ce qui consiste à faire l'amour, comme on le pense en général. La sublimation articule les conditions de la jouissance, qu'elle soit ou non sexuelle, elle crée un objet qui vise la jouissance interdite, la Chose centrale.

Q : Paola Mieli : Pourriez-vous nous parler de la notion de manque dans la Trinité ?

R : Je ne me sens pas le droit de parler de la Trinité sans avoir étudié plus profondément les textes religieux. Je voulais simplement dire que le catholicisme — et c'est peut-être la raison pour laquelle Lacan l'a appelé la « vraie religion » — est une religion qui construit un Autre tout-puissant rassemblant toutes les fonctions liées à la jouissance, à la loi, à la castration, et elle définit comme également divin celui qui, à la fin du processus, n'est pas seulement sacrifié, mais en quelque sorte le déchet de l'opération logique. Construire un Dieu tout-puissant, comme l'a fait le judaïsme, était univoque, à un certain niveau. On peut interpréter, sur cette question, comme je l'ai souligné à partir de quelques phrases de Lacan, que ce Dieu de la Bible a été inventé pour qu'il y ait un agent de la castration du rapport sexuel. Cela se voit au fait que c'est lui qui enlève l'os, l'os qui manque à l'organe. Mais inventer, comme l'a fait plus tard le christianisme, dans le même Dieu, le reste signifiant de la chute de ce Dieu, était plus équivoque.

C. Ona Nierenberg : Je voulais vous exprimer ma gratitude pour votre exposé. Vous avez ouvert une nouvelle perspective, après les études *queer* et les études de genre, en indiquant comment de nombreux discours reproduisent une position phallique. Vous nous avez montré quelque chose de nouveau et je vous en suis reconnaissante.

R. Je suis très heureuse d'entendre cela. En même temps, je suis très prudente lorsque je relate ma lecture de certains discours féministes, car ces discours, bien qu'ils soient restés dans une logique du tout, ont su néanmoins critiquer clairement l'erreur de nombreux discours psychanalytiques qui concevaient le féminin dans des termes

point of view, insofar as it is deconstructing the Other as All. I don't believe we should define sublimation as a creation substituting 'making love', as it is commonly thought. Sublimation articulates jouissance's conditions, sexual or not; it creates an object which aims at the prohibited jouissance, at the central Thing.

Q: Paola Mieli: Could you say something about the notion of lack in the Trinity?

A: I don't feel like I have the right to speak about the Trinity without having studied more deeply the religious texts. What I simply meant to say is that Catholicism – and maybe this is the reason why Lacan called it the "true religion" – a religion that constructs an all-powerful Other which combines all the functions related to jouissance, law, castration, and at the same time is capable of defining as equally divine the one that, at the end of the process, is not only sacrificed, but in some sense becomes the waste product of the logical operation. To construct an all-powerful God, as Judaism did, was unequivocal at a certain level. You can interpret, for that matter, as I have, on the basis of a few phrases of Lacan's, that this God of the Bible was invented so that there would exist an agent of the castration of the sexual relation. This can be seen from the fact that it's He who removes the bone, the bone that's missing from the organ. But to invent, as Christianity later did, in the same God the signifying remainder of this God's fall, was more equivocal.

C. Ona Nierenberg: I wanted to express my gratitude for your presentation. You open up a new perspective, after queer and gender studies, indicating how many discourses reproduce a phallic position. You showed us something new and I am grateful for that.

A. I am very happy to hear it. At the same time, I am very careful when I relate my reading of certain feminist discourses, because the fact remains that these discourses, in spite of being stuck to a logic of All, were nevertheless able to clearly recognize the error made in many psychoanalytical discourses which conceived of the feminine in equally phallic terms, thus in default. So that, as we proceed, we need to recognize their contribution. In particular, they didn't take the unconscious into account, and yet identified errors that those who did

tout aussi phalliques donc en défaut. C'est pourquoi, au fur et à mesure que nous avançons, nous devons reconnaître leur contribution. Ils n'ont pas pris en compte l'inconscient, et pourtant ils ont identifié des erreurs que certains de ceux qui prennent en compte l'inconscient n'ont pas été capables de voir. Je pense que cela nous rend très humbles et que nous ne devrions jamais l'oublier.

C. Ona Nierenberg : Merci encore. Vous nous avez donné de nouveaux outils pour réfléchir à la notion du Pas tout et de la jouissance de l'Autre.

R. Le fait que l'on répète que la jouissance féminine ne peut pas être dite implique qu'elle est ineffable, et quand on dit que quelque chose est ineffable, cela devient mystique. J'ai suivi la voie proposée par Lacan, celle de la logique et non de la mystique. Et quand on adopte cette logique, on se rend compte que ce qui est hors discours n'est pas hors logique.

C. Paola Mieli : En ce qui concerne la découverte de Buisson, il est remarquable qu'en dépit de l'expérience de tant de femmes qui, depuis le début des temps, ont parlé avec insistance de leur plaisir vaginal et de leur orgasme, le discours hystérique ait continué à s'y opposer.

R. En vérité, le discours hystérique est partagé par les hommes et les femmes, mais certains mouvements féministes l'ont fait leur. Ce qui a changé, dans la compréhension de la jouissance vaginale, n'est pas qu'on ait découvert une innervation dans la paroi vaginale, mais qu'on ait déterminé, de façon complexe mais précise, que l'organe interne pouvait transmettre son orgasme à travers la paroi vaginale.

Il semble que tout le monde ait entendu l'axiome de Lacan « il n'y a pas de rapport sexuel » ; pourtant, sa logique n'a pas été comprise. Lacan a souligné l'inexistence d'un tel rapport dans le discours, car ce qui est inscrit dans le discours est un rapport universel où l'un dispose de l'autre et non un rapport sexuel.

C'est pourquoi je me suis beaucoup intéressée à D.H. Lawrence. Avant 1928, date de publication de *L'Amant de Lady Chatterley*, il avait diagnostiqué comme pervers le rapport homme-femme dicté par la religion, le puritanisme et même le libertinage – et non comme

take the unconscious into account were not able to recognize. I think this makes us very humble and we should never forget it.

C. Ona Nierenberg: Thank you again. You gave us new tools to think about the notion of the Not-all and of the Other jouissance.

A. The fact that it has been repeated that feminine jouissance cannot be said, implies that it is ineffable, and when you say something is ineffable it becomes mystical. I followed the path Lacan proposed, that of logic and not of mysticism. And when you adopt this logic, you realize that what is outside discourse is not outside logic.

C. Paola Mieli: Regarding Buisson's discovery, it is remarkable that in spite of the experience of so many women who, from the beginning of time, had emphatically spoken of their vaginal pleasure and orgasm, the hysteric discourse kept opposing them.

A. In truth, the hysteric discourse is shared by both men and women, but some feminist movements made it their own. What has changed regarding the understanding of vaginal jouissance is not that an innervation has been discovered in the vaginal wall, but that, in a complex but precise manner, the internal organ could transmit its orgasm through the vaginal wall.

It seems that everyone has heard Lacan's axiom "there is no sexual relation"; yet, its logic was not understood. For, Lacan stressed the non-existence of such a relation in discourse, because what is recorded in discourse is a universal relation where one disposes of the other, and not a sexual relation.

This is why I have been very interested in D.H Lawrence. Before 1928, the publication date of *Lady Chatterley's Lover*, he had diagnosed as perverse the relation of men and women dictated by religion, puritanism and even libertinism — because it was not as a relation between two jouissances of two sexes as such. He showed that in religion as in libertinism, feminine jouissance was elided, something he radically rejected. The manner was different, but the result was the same, the elision of one jouissance out of two. This is why I said that Lawrence had, in a certain sense, anticipated the Lacanian theory of the absence of sexual relation. Incidentally, it is comical that certain feminist discourses have accused Lawrence of refusing feminine jouis-

un rapport entre deux jouissances de deux sexes en tant que tel. Il a montré que, dans la religion comme dans le libertinage, la jouissance féminine était éludée, ce qu'il rejetait radicalement. La manière était différente, mais le résultat était le même, l'élision d'une jouissance sur deux. C'est pourquoi j'ai dit que Lawrence avait, dans un certain sens, anticipé la théorie lacanienne de l'absence de rapport sexuel. Il est d'ailleurs cocasse que certains discours féministes aient accusé Lawrence de refuser la jouissance féminine, alors que son dernier livre, *L'Amant de Lady Chatterley*, consacre des centaines de pages à essayer de montrer comment un homme est capable de la provoquer malgré la difficulté à le faire.

Q. Peter Gillespie : Quel est l'effet de l'accès au pas tout dans la rencontre sexuelle (et donc en dehors de la loi sexuelle qui consiste à se positionner comme ayant ou étant le phallus pour l'autre) sur la structure du fantasme du sujet, tant du côté masculin que du côté féminin ?

R. : La difficulté du Pas tout vient du fait que l'on n'est pas totalement dans la fonction phallique, donc dans la loi sexuelle qui se construit sur elle. Il s'agit de participer au discours de la loi sexuelle tout en s'y opposant en dehors du discours. Comment le saisir ? Il ne s'agit pas de duplicité, même si c'est ainsi qu'on l'a souvent envisagé ; il ne s'agit pas non plus d'une division névrotique qui refoule l'autre position en restant dans la position phallique sur un mode ou un autre. La rencontre sexuelle qui peut se produire selon la logique du Pas tout implique que l'on puisse occuper deux positions différentes, voire opposées, l'une phallique et l'autre non, en se partageant entre deux termes sans refoulement. Le désir de la femme intervient d'un côté, hors discours, en acte, avec la jouissance qui en découle, comme étant celle de l'Autre (génitif objectif). L'autre est désiré et joui, non pas un Autre absolu, intact ou tout-puissant, mais un Autre dont on perçoit le manque. Corrélativement, pour cet Autre, on adopte la position d'objet, selon la loi sexuelle, mais un objet que l'on crée et que l'on offre à l'autre. Cela ne correspond pas simplement à la position du fantasme, où l'un est l'objet et l'autre le sujet. Ce ne sont pas deux, mais trois termes qui sont en jeu dans cette rencontre : il y a le désir de l'Autre avec sa jouissance phallique, il y a l'objet, comme troisième terme, auquel on se prête et qu'on invente comme un don, et

sance, when his last book, *Lady Chatterley's Lover*, devotes hundreds of pages to try to show how a man is able to provoke it despite the difficulty of doing so.

Q. Peter Gillespie: What is the effect of accessing the Not-all in the sexual encounter (and therefore outside the sexual law of positioning oneself as either having or being the phallus for the other) on the structure of the subject's fantasm on both the masculine and feminine side?

A. The difficulty of using the Not-all comes from the fact that one is not totally in the phallic function, thus in the sexual law that is built upon it. This means participating in the discourse of sexual law, while objecting to it outside of the discourse. How to grasp it? This is not a matter of duplicity, even if this is the way it has often been viewed; it does not either mean a neurotic division that represses the other position and remains in a phallic position in this mode or the other. The sexual encounter that can occur according to the logic of the Not-all involves one being able to occupy two different, if not opposite, positions, one phallic and the other not, dividing oneself between two terms without repression. The woman's desire intervenes on one side, outside of discourse in action, with the jouissance that ensues, as being that of the other (objective genitive). The other is desired and enjoyed, not an absolute Other, intact or all-powerful, but an Other whose lack is perceived. Correlatively, for that other, one adopts the position of object, according to the sexual law, but an object one creates and offers to the other. This does not simply correspond to the position of the fantasm, where the one is the object and another is the subject. There are not two, but three terms in play in this encounter: there is the desire of the Other with its phallic jouissance, there is the object as third term, to which one lends oneself and invents as gift, and, from there, there is an enjoyment of the body of the Other. To define this knotting, a three term Borromean nodality is needed, where each is bound to the other through the third. In a heterosexual encounter, for example, the man is no longer in the fantasm, because he has abandoned the phallic function which allows only for a single phallic jouissance and its object, nor is the woman any longer in the fantasm, because she has added, to her function of object of the discourse, her desire and her jouissance of the Other, outside what is

de là il y a ce qui consiste à jouir du corps de l'Autre. Pour définir ce nouage, il faut une nodalité borroméenne à trois termes, où chacun est lié à l'autre par le troisième. Dans une rencontre hétérosexuelle, par exemple, l'homme n'est plus dans le fantasme lorsqu'il abandonne la fonction phallique qui ne permet qu'une seule jouissance phallique et son objet, la femme n'est plus dans le fantasme non plus lorsqu'elle ajoute, à la fonction d'objet du discours, son désir et sa jouissance de l'Autre, hors des dits mais non hors des dires. Cela peut se produire aussi au sein du même sexe.

Lorsque Lacan affirme que « l'inconscient, c'est la politique », il définit la politique comme « ce qui unit et divise les hommes entre eux », « motivée par la logique du fantasme ». Affirmer que la politique est organisée, construite, structurée selon une logique de fantasme, est une idée tout à fait inédite. Communément, nous considérons que le désir subjectif n'intervient pas dans la politique, alors que ce que nous appelons fantasme est la plus intime représentation du désir subjectif.

Le fantasme dérive de la manière dont, à l'origine, un sujet du langage doit choisir entre l'être (comme objet du désir de l'Autre primordial) et la pensée (en renonçant à être cet objet, il acquiert un sens et pense). En fait, il n'a pas le choix, étant sujet d'un langage, il doit renoncer à l'être de la jouissance. Renoncer à une jouissance qui, auparavant, était permise, c'est l'histoire même d'un sujet, à partir de l'interdit de l'inceste, et c'est aussi l'histoire des civilisations, depuis les sacrifices humains jusqu'au capitalisme, en passant par l'esclavage, sous l'effet du langage. Pour renoncer à une jouissance interdite, il faut à chaque étape inventer un objet qui tienne lieu de la jouissance perdue sans en être. C'est ici que le fantasme se construit, à l'aide d'un plus, un *plus de jouir* qui permette d'en retrouver une forme, tout en renonçant à la jouissance interdite.

Le fantasme est la réalité au sens où nous n'avons pas d'autre réalité que celle qu'il construit. Néanmoins, en le déchiffrant, nous pouvons le déconstruire afin d'accéder un peu plus au réel. Les facteurs qui le permettent sont bien sûr très différents entre ce qui concerne un sujet et ce qui concerne une loi politique, mais les processus eux-mêmes ne sont pas si différents. Lorsque, le 10 mai 1967, Lacan affirme que « l'inconscient, c'est la politique » et la définit comme « ce qui lie et oppose les hommes entre eux », il ajoute que l'Histoire politique peut être considérée comme constituée par les déclinaisons successives du

said but not outside the "sayings" as such. It can also happen in the encounter with the same sex.

When Lacan asserts that "the unconscious is politics," he defines politics as "that which unites and divides men [people] among themselves," and that it is "motivated by the logic of fantasm." To assert that politics is organized, constructed, structured according to the logic of fantasm, is an entirely new idea. Commonly, we consider that subjective desire does not play a role in politics, yet what we call fantasm is the most intimate representation of the subjective desire.

Fantasm derives from the way in which, originally, the subject of language must choose between being (as the object of desire of the primary Other) and thinking (renouncing being this object in order to acquire meaning, and think). In fact, he has no choice, being a subject of language, he must renounce the being of jouissance. Giving up a jouissance that used to be permitted is part of the very history of a subject, as the incest prohibition indicates, but also part of the very history of civilizations, from human sacrifice to slavery and to capitalism, under the effect of language. In order to give up a prohibited jouissance, it's necessary at every stage to invent an object that serves as replacement for the lost jouissance without corresponding to it. Here the fantasm gets constructed, helped by a surplus enjoyment (*plus de jouir*) which gives it a shape, while still renouncing the forbidden jouissance.

Fantasm is reality, insofar as we have no other reality than the one it constructs. Nevertheless, while deciphering it we can deconstruct it in order to gain a little more access to the real. The factors that make this possible are, of course, very different for a subject and for a political law, but the processes themselves are not so different. When, on May 10, 1967, Lacan asserted that "the unconscious is politics" and defined it as "that which binds, and opposes men to each other" he added that political history can be seen as constituted by successive versions of fantasm. And right before he criticized the male fiction of sexual law — "one is what one has" and "one has what one is" — as a "simplistic fiction," "seriously in the process of revision." It follows that, for him, politics must be conceived as that which binds and opposes not only men to each other, but also men to the female object, as has become obvious in the 21st century. The fantasm of this sexual law, now being deconstructed, is precisely the way in which the unconscious induces politics, the way in which it is poli-

fantasme. Un peu avant, le 19 avril 1967, il critiquait la « fiction mâle » de la loi sexuelle – « on est ce qui a, on a ce qui est » – en la nommant « fiction simplette », « sérieusement en voie de révision ». On peut en déduire que, pour lui, la politique devait être conçue comme ce qui lie et oppose non seulement les hommes entre eux, mais aussi les hommes à l'objet féminin, comme cela est devenu évident en ce XXIème siècle. Le fantasme de cette loi sexuelle, maintenant en cours de déconstruction, est précisément la manière dont l'inconscient induit la politique, la manière dont il est la politique. La *Genèse* a mis en scène la construction de ce fantasme, avec un plus de jouir fait d'un objet féminin dont l'homme disposerait « parce » qu'il fut une partie de lui. La femme ainsi conçue n'existe pas. Cette fabrication d'un plus de jouir pour se séparer d'un mode de jouissance est à l'œuvre tout autant pour un sujet que dans la politique. En économie politique, il est efficace sous la forme de plus-value, ce plus de gain au regard de la valeur du travail, qui permet au capitaliste de supporter d'avoir renoncé à la jouissance de l'esclavage au profit du prolétariat.

Pour un sujet, le plus de jouir consiste dans les différentes façons de faire de l'autre un objet à disposition pour supporter de ne pouvoir être sa jouissance. De même, à la condition de disposer du corps d'Ève, l'Homme de la loi sexuelle renonce à la jouissance sexuelle, qui de toute façon lui est barrée par le mode de jouissance de son organe, marié qu'il est, disait Lacan, avec le phallus et sa limite.

Déchiffrer le fantasme a de bons effets que l'on appelle progrès, même s'il faut savoir que ce qu'on gagne d'un côté, on le perd de l'autre. Cela n'enlève pas la valeur du chemin parcouru.

tics. *Genesis* staged the construction of this fantasm, with the surplus enjoyment made by a feminine object available to man 'because' it was once a part of himself. The woman thus conceived does not exist. This fabrication of a surplus of enjoyment serving to separate from a modality of enjoyment is as valid for a subject as it is for politics. In political economy, it is effective in the form of surplus value, that extra gain in relation to the value of labor which enables the capitalist to bear having renounced the jouissance of slavery in favor of the proletariat.

For a subject, the surplus enjoyment translates in the different ways one makes an object out of the other, in order to sustain the fact of not being its jouissance. Similarly, on condition of having Eve's body at his disposal, the Man of the sexual law renounces sexual jouissance, which in any case is barred to him by the mode of jouissance of his organ, married as he is, Lacan used to say, with the phallus and its limit.

Deciphering fantasm has some good effects that we call progress, even if we have to know that what we gain on one side, we lose on the other. This doesn't remove the value of the path we've travelled.

Titles Published by The Sea Horse Imprint:

Betty Bernardo Fuks — *Freud and the Invention of Jewishness* (2008)

Gérard Haddad — *Eating the Book: Dietary Rites and Paternal Function* (2013)

Erik Porge — *Truth and Knowledge in the Clinic: Working with Freud and Lacan* (2016)

Paola Mieli — *Figures of Space: Subject, Body, Place* (2017)

Alain Didier-Weill — *The Three Times of the Law* (2017)

Marie-Magdeleine Lessana — *Marilyn: Portrait of a Shooting Star* (2019)

Jean-Pierre Cléro — *Lacan and the English Language* (2020)

Patrick Landman — *Are We All Hyperactive? The Astonishing Epidemic of Attention Disorders* (2024)

Gisèle Chaboudez, *The Feminine Deal* (2024)

www.ingramcontent.com/pod-product-compliance
Lightning Source LLC
Chambersburg PA
CBHW022106020426
42335CB00012B/853